In einem Interview antwortete Thomas Bernhard auf die Frage »Sind Sie gerne böse?« mit Ja. Aber häufig könne er nicht so böse sein, wie er wirklich wolle. Dabei besteht er auf feinen Unterscheidungen: Bösartig dürfe man sein, da dies ja ein Aspekt der menschlichen Art sei, böswillig, also das Böse als Ziel verfolgend, sei nicht statthaft. Boshafte Personen dagegen seien, wenn sie ihr Anliegen geschickt genug betrieben, Künstlern gleichzusetzen. Der vorliegende Band versammelt, einem alltäglichen Alltag folgend, vom Frühstück über die philosophischen Mittagessen bis zu den entsetzlichen Abendvergnügungen, Beispielstücke für die Boshaftigkeitskunst des Thomas Bernhard.

Raimund Fellinger arbeitet im Suhrkamp und Insel Verlag.

insel taschenbuch 4153
Thomas Bernhard für Boshafte

Thomas Bernhard
für Boshafte

Zusammengestellt
von Raimund Fellinger
Insel Verlag

Umschlagabbildung: Tullio Pericoli/Margarethe Hubauer

2. Auflage 2014

Erste Auflage 2014
insel taschenbuch 4153
© dieser Ausgabe Insel Verlag Berlin 2014
Satz: Satz-Offizin Hümmer GmbH, Waldbüttelbrunn
Druck: Druckhaus Nomos, Sinzheim
Printed in Germany
ISBN 978-3-458-35853-4

Thomas Bernhard für Boshafte

Mit Bernhard durch den Tag

Politische Morgenandacht

Die Katastrophe fängt damit an, daß man aus dem Bett steigt.

Verstörung

Wenn der Zeitungsleser die ZEITUNG in der Frühe aufmacht, verdirbt sich der Zeitungsleser schon in der Frühe den Magen und den ganzen Tag und auch noch die darauffolgende Nacht, so Reger, weil er mit einem immer noch größeren politischen Skandal konfrontiert ist, mit einer immer noch größeren politischen Schweinerei, so Reger. Der Zeitungsleser liest in diesem Land ja schon jahrelang in der Zeitung nurmehr noch Skandale, auf den ersten drei Seiten die politischen und auf den folgenden Seiten die übrigen, aber er liest nurmehr noch Skandale, weil die österreichischen Zeitungen nurmehr noch von Skandalen und von Schweinereien schreiben, von sonst nichts. Die österreichischen Zeitungen haben einen solchen Niedrigkeitsgrad erreicht, daß auch das ein Skandal ist, sagte Reger, es gibt keine niedrigeren und gemeineren und abstoßenderen Zeitungen auf der Welt als die österreichischen, aber diese österreichischen Zeitungen sind ja notgedrungen so scheußlich und so niedrig, weil die österreichische Gesellschaft und vor allem die politische österreichische Gesellschaft und weil eben dieser Staat so scheußlich und so niedrig ist.

Auf der Öde der [ÖSTERREICHISCHEN] REPUBLIK herrschen abwechselnd unter den entsetzlichsten und perfidesten Geistzuständen die Niedertracht und der Stumpfsinn. Die Saat der Revolution ist uns als unser eigener Ruin aufgegangen, wir werden (Leichenfledderer) als die Generation ohne Genie in die Geschichte eingehen. Eine gespenstische Symmetrie der Minderwertigkeit und der Ausweglosigkeit aus der Minderwertigkeit ist unsere Verfassung geworden. Unser Volk ist ein Volk ohne Vision, ohne Inspiration, ohne Charakter. Intelligenz, Phantasie sind ihm keine Begriffe. Ein Volk von Schleichhändlern und Dilettanten, zeugt es sich in jedem Augenblick in seinem alpenländischen Exklusivschwachsinn fort. Es exaltiert sich auf dem ihm verbliebenen Miniaturterritorium (einer Mischung aus Freilichtmuseum für ordinäre Weltenbummler und Irrenanstalten) in der fürchterlichsten Verkrampfung der ihm zum Selbstzweck gewordenen Mimikry. Das allgemeine Niveau überschreitet sich selbst nicht und die Politiker (von den *Politikern* ist die Rede) und die Künstler (von den *Künstlern* ist die Rede) – die Wissenschaft ist ein einziger Exodus! – sind, wie ich mit allen nur denkbaren Schrecken in meinen Augen tagtäglich beobachten kann, die pragmatisierten Erfinder einer immer noch tiefer ins Fatale und Lächerliche zu drückenden Welt. Während der Fortschritt ins absolute geistige (und also künstlerische) und also fundamentale (und also staatspolitische) Nichts hinunter dem aus Liebe an sein Herkunftsland Gefesselten zu der grauenhaftesten aller Visionen wird, verlängert sich die Skala der perversen Gefühlshypophyse des Volkes und seiner Gesellschaft ins Grotesk-Unendliche. Wohin man schaut, ein integrales Gebilde aus Bergen und Strömen von theatralischen Oberflächenkontemplationen in Agonie. Eine Harmonie von zerbrochenen Dimensionen im Koma.

Ohlsdorf
14. 6. 66
Lieber Herr Dr. Unseld,

der Schweigende tut gut daran von Zeit zu Zeit seine Umgebung darüber aufzuklären, dass er überhaupt nicht geheim-
nisvoll ist. Was mich betrifft, so exerziere ich der Welt und
mir selber die gewöhnlichste Alltäglichkeit vor, mit der allein ich vorwärts komme, davon abgesehen, dass es das Vor-
wärtskommen nicht gibt, dass das Fundament, auf dem wir
wahrnehmen, sehen usf. gar nicht existiert, dass, wenn überhaupt etwas existiert, nur ein Unsinn allen Unsinns existiert.
[...]
Alle jemals geschriebenen BRIEFE sind, in dem tiefen Grunde der eigenen und der allgemeinen Anschauung der Welt
usf. nichts als grausige Koketterien. Und noch eine: der gröss-
te Irrtum ist der, zu glauben, dass man nicht existiert, wenn
man nicht schreibt. Es ist jetzt, glaube ich, vier Wochen, seit
ich Ihre Zeilen – bessere habe ich nicht erwarten können –
bekommen habe. Mich zu bedanken fällt mir schon wieder
schwer.
Herzlich Ihr
Thomas B.

Ihrer beider Zusammensein (zu Wieser: *Zusammenleben)*, wäre von Anfang an falsch gewesen, aber, ehrlich gesagt, soll Konrad zu Fro gesagt haben, welches Zusammensein ist nicht ein falsches, welche Ehe ist nicht eine vollkommen falsche, verkehrte, also, einmal zustande gekommen, unaufrichtige, fürchterliche, welche Freundschaft nicht ein Trugschluß, welche zusammen lebenden Menschen könnten sich denn in Wahrheit als glücklich oder auch nur als intakt bezeichnen? Nein, lieber Fro, das ZUSAMMENLEBEN, gleich welcher Leute, gleich welcher Menschen, gleich welchen Standes, gleich welchen Herkommens, gleich welcher Profession, man mag die Sache drehen, wie man will, ist, solange es dauert, ein gewaltsames, einfach von Natur heraus immer schmerzvolles, zugleich, wie wir wissen, das eingängigste, grauenhafteste Beweismittel für die Natur. Aber auch das Martervollste wird zur Gewohnheit, soll Konrad gesagt haben, und so gewöhnen sich die, die zusammen leben, zusammen vegetieren, nach und nach an ihr Zusammenleben und Zusammenvegetieren und also an ihre gemeinsame von ihnen selber als Mittel der Natur zum Zwecke der Naturmarter hervorgerufene gemeinsam erduldete Marter und gewöhnen sich schließlich an diese Gewohnheit. Das sogenannte ideale Zusammenleben sei eine Lüge, da es das sogenannte ideale Zusammenleben nicht gibt, habe auch niemand ein Recht auf ein solches, in eine Ehe gehen heiße wie in eine Freundschaft gehen, den Zustand doppelter Verzweiflung und doppelter Verbannung ganz bewußt auf sich nehmen, aus der Vorhölle des Alleinseins in die Hölle des Zusammenseins gehen.

Wir sagen ja auch, wir lieben unsere ELTERN und hassen sie in Wirklichkeit, denn wir können unsere Erzeuger nicht lieben, weil wir keine glücklichen Menschen sind, unser Unglück ist kein eingeredetes, wie unser Glück, das wir uns täglich einreden, damit wir überhaupt den Mut haben, aufzustehen und uns zu waschen, anzuziehen, den ersten Schluck zu machen, den ersten Bissen hinunterzubringen. Weil wir an jedem Morgen unweigerlich daran erinnert sind, daß uns unsere Eltern in entsetzlicher Selbstüberschätzung und tatsächlich in ihrem Zeugungsgrößenwahn gemacht und geworfen und in diese doch mehr scheußliche und widerwärtige und tödliche als erfreuliche und nützliche Welt gestellt haben. Unsere Hilflosigkeit verdanken wir unseren Erzeugern, unsere Unbeholfenheit, alle unsere Schwierigkeiten, mit welchen wir zeitlebens nicht fertig werden. Zuerst hatte es geheißen, dieses Wasser darfst du nicht trinken, denn es ist vergiftet, dann hat es geheißen, dieses Buch darfst du nicht lesen, denn dieses Buch ist vergiftet. Wenn du dieses Wasser trinkst, gehst du daran zugrunde, sagten sie, dann, wenn du dieses Buch liest, gehst du daran zugrunde. Sie führten dich in die Wälder, sie steckten dich in finstere Kinderzimmer, um dich zu verstören, sie stellten dich Menschen vor, die du sofort als deine Vernichter erkannt hast. Sie zeigten dir Landschaften, die für dich tödlich gewesen sind. Sie warfen dich in Schulen hinein wie in Verliese, sie trieben schließlich deine Seele aus dir heraus, um sie umkommen zu lassen in ihrem Sumpf und in ihrer

Öde. So wurde dein Herz von ihnen schon früh aus dem ihm entsprechenden Rhythmus gebracht, bis es schließlich irreversibel, wie die Ärzte sagen, krank geworden ist, weil sie diesem deinem Herzen gegenüber niemals Ruhe gegeben haben.

Tatsächlich fragen sich diese Leute nichts, wenn sie ein KIND machen, obwohl sie doch wissen, daß ein Kind machen und vor allem ein eigenes Kind machen, heißt, ein Unglück machen, und also ein Kind machen und also ein eigenes Kind machen, nichts anderes als Infamie ist. Und ist das Kind gemacht, sagt Oehler, lassen die, die es gemacht haben, sich das von ihnen aus freien Stücken gemachte Kind vom Staat bezahlen. Für diese Millionen und Abermillionen von ganz aus freien Stücken gemachten Kindern muß der Staat aufkommen, für die, wie wir wissen, vollkommen überflüssigen Kinder, die nichts anderes gebracht haben, als neues, millionenfaches Unglück. Die Geschichtshysterie, sagt Oehler, übersieht aber den Umstand, daß es sich bei allen gemachten Kindern um gemachtes Unglück und um gemachte Überflüssigkeit handelt. Diesen Vorwurf kann man den Kindermachern nicht ersparen, daß sie ihre Kinder völlig kopflos und in der gemeinsten und niedrigsten Weise gemacht haben, obwohl sie, wie wir wissen, nicht kopflos sind. Keine größere Katastrophe, sagt Oehler, als alle diese kopflos gemachten Kinder, die der mit diesen Kindern betrogene Staat bezahlen muß. Wer ein Kind macht, sagt Oehler, gehört mit der Höchststrafe bestraft und nicht unterstützt. Nichts anderes, als dieser vollkommen falsche, sogenannte soziale Unterstützungsenthusiasmus des Staates, der, wie wir wissen, überhaupt nicht sozial ist und vom dem gesagt werden muß, daß er nichts anderes als der unappetitlichste Anachronismus ist, der existiert, ist schuld daran, daß das Verbrechen, ein Kind zu machen und ein Kind in die Welt zu setzen, welches ich als das größte Verbrechen überhaupt bezeichne, sagt Oehler, daß dieses Verbrechen, sagt Oehler, nicht bestraft, sondern unterstützt wird. Der Staat hätte ja die Verantwortlichkeit, sagt Oehler jetzt, Leute, die Kinder machen, zu bestrafen, aber nein, er unterstützt dieses Verbrechen. Und daß alle Kinder, die gemacht werden, kopflos gemacht werden, sagt Oehler, ist eine Tatsache. Mit dem Kopf wird kein Kind gemacht, sagt Oehler, und was ohne Kopf gemacht wird und vor allem was kopflos gemacht wird, gehört bestraft. Aufgabe des Parlaments und der Parlamente wäre es, Gesetze gegen das kopflose Kindermachen zu beschließen und durchzusetzen und für kopfloses Kindermachen die Höchststrafe, und jeder hat seine eigene Höchststrafe, sagt Oehler, einzuführen und anzuwenden. Sehr rasch, sagt Oehler, würde sich nach Einführung eines solchen Gesetzes, die Welt zu ihrem Vorteil verändern. Ein Staat, der das Kindermachen unterstützt und nicht nur das kopflose Kindermachen, sagt Oehler, ist ein kopfloser Staat, jedenfalls kein fortschrittlicher, sagt Oehler. Der Staat, der das Machen von Kindern unterstützt, hat weder Erfahrung noch Erkenntnis. Ein solcher Staat ist verbrecherisch, weil er ganz bewußt blind ist, ein solcher Staat ist kein gegenwärtiger, sagt Oehler, aber wie wir wissen, ist der gegenwärtige oder sagen wir, der sogenannte gegenwärtige Staat gar nicht möglich und so kann auch dieser unser Staat gar kein Staat der Gegenwart sein. Wer ein Kind macht, sagt Oehler, weiß, er macht ein Unglück, er macht etwas, das unglücklich sein wird, weil es unglücklich sein muß, etwas durch die Natur durch und durch Katastrophales, an welchem auch wieder nichts anderes, als nur durch die Natur durch und durch Katastrophales sein muß. Er macht ein unendliches Unglück, indem er nur ein Kind macht, sagt Oehler. Es ist ein Verbrechen. Wir dürfen niemals davon abgehen, daß wir sagen, wer ein Kind macht, macht er es kopflos oder nicht, sagt Oehler, begeht ein Verbrechen.

Die LEHRER verderben die Schüler, das ist die Wahrheit, das ist eine jahrhundertealte Tatsache, und die österreichischen Lehrer insbesondere verderben in den Schülern vor allem von Anfang an den Kunstgeschmack; alle jungen Menschen sind ja zuerst aufgeschlossen allem gegenüber, also auch der Kunst, aber die Lehrer treiben ihnen die Kunst gründlich aus; die in der Überzahl stumpfsinnigen Köpfe der österreichischen Lehrer gehen auch heute immer rücksichtslos vor gegen die Sehnsucht ihrer Schüler nach Kunst und überhaupt nach dem Künstlerischen, von welchem alle jungen Menschen von Anfang an auf die natürlichste Weise fasziniert und begeistert sind. Die Lehrer sind aber durch und durch kleinbürgerlich und gehen instinktiv gegen die Kunstfaszination und Kunstbegeisterung ihrer Schüler vor, indem sie die Kunst und überhaupt alles Künstlerische auf ihren eigenen deprimierenden stupiden Dilettantismus herunterdrücken und in den Schulen die Kunst und das Künstlerische überhaupt zu ihrem ekelhaften Flöten- und genauso ekelhaften wie stümperhaften Chorgesang machen, was die Schüler abstoßen muß. So versperren die Lehrer schon von Anfang an ihren Schülern die Zugänge zur Kunst. Die Lehrer wissen nicht, was Kunst ist, also können sie es auch ihren Schülern nicht sagen und ihnen nicht beibringen, was Kunst ist und sie führen sie nicht auf die Kunst *zu*, sondern drängen sie von der Kunst *ab* in ihr widerliches, sentimentales gesangliches und instrumentales *Kunstgewerbe*, das ihre Schüler abstoßen muß. Es gibt keinen billigeren Kunstgeschmack,

als den der Lehrer. Die Lehrer verderben schon in der Volks-
schule den Kunstgeschmack der Schüler, sie treiben ihren
Schülern von Anfang an die Kunst aus, anstatt ihnen die
Kunst und insbesondere die Musik aufzuklären und zu einer Lebensfreude zu machen. Aber die Lehrer sind ja nicht
nur, was die Kunst betrifft, die Verhinderer und die Vernichter, die Lehrer sind alles in allem ja schon immer die Lebens-
und Existenzverhinderer gewesen, anstatt die jungen Menschen das Leben zu lehren, ihnen das Leben aufzuschlüsseln,
ihnen das Leben zu einem tatsächlich unerschöpflichen
Reichtum ihrer eigenen Natur zu machen, töten sie es in ihnen ab, sie tun alles, um es in ihnen abzutöten. Die meisten
unserer Lehrer sind armselige Kreaturen, deren Lebensauf-
gabe darin zu bestehen scheint, den jungen Menschen das
Leben zu verrammeln und schließlich und endlich zu einer
fürchterlichen Deprimation zu machen. In den Lehrerberuf
drängen ja auch nur die sentimentalen und perversen Klein-
köpfe aus dem unteren Mittelstand. Die Lehrer sind die
Handlanger des Staates und wo es sich wie bei diesem österreichischen Staat heute um einen geistig und moralisch to-
tal verkrüppelten handelt, um einen, der nichts als die Ver-
rohung und Verrottung und das gemeingefährliche Chaos
lehrt, sind naturgemäß auch die Lehrer geistig und moralisch
verkrüppelt und verroht und verrottet und chaotisch.

Mit JUNGEN LEUTEN reden, führt zu nichts, dachte ich, wer das Gegenteil behauptet, ist ein Heuchler, denn die jungen Leute sagen den Älteren und Alten nichts, das ist die Wahrheit; es ist absolut uninteressant, was junge Leute alten Leuten sagen, absolut, dachte ich, und es ist die größte Heuchelei, das Gegenteil zu behaupten. Es ist immer modern gewesen, zu sagen, die Alten sollen mit den Jungen reden, weil die Jungen den Alten sehr viel zu sagen hätten, aber das Gegenteil ist der Fall: die Jungen haben den Alten überhaupt nichts zu sagen. Selbstverständlich hätten die Alten den Jungen etwas zu sagen, aber die Jungen verstehen ja nicht, was die Alten zu ihnen sagen, weil sie es gar nicht verstehen können und deshalb auch gar nicht verstehen wollen.

Das Weib – und das Weibliche überhaupt – drückt den Mann auf seine antimännlichen Gefühle herunter. Ich könnte Ihnen eine Reihe hervorragender Männer aufzählen, die von ihren Frauen ruiniert worden sind. Persönlichkeiten mit der allerhöchsten Begabung, allergrößten Formats. Das Weibliche ist von Natur aus verräterisch. Es untergräbt und unterminiert. Ist Gift für den männlichen Geist, für den Geist überhaupt, für das Männliche. Wenn es sich darum handelt, einen Mann in seine Bestandteile zu zerlegen und nicht mehr zusammenzusetzen ... Wissenschaftlich betrachtet stellt die Frau die Verhöhnung des Mannes dar ... Die Erbfeinde des Gedankens ... Sie verbieten ihren Männern ja sogar das Lesen von Zeitungen ... Ja, ihr Erhalter darf nur nicht denken ... Zersetzung betreibt sie und ist der Freundschaft nicht fähig ... Ehe- und Kindermacherinnen, sind sie nur im Augenblick des Gebärens nicht lügenhaft ... Die Frauen sind nur für das Bett. Das Weib versteht kein Spiel. Ist ein Werkzeug des Teufels und schuld an der Tragödie des Menschengeschlechts.

Der Großteil der Menschheit, vor allem in Mitteleuropa, heuchelt ARBEIT, schauspielert ununterbrochen Arbeit vor und perfektioniert bis ins hohe Alter diese geschauspielerte Arbeit, die mit wirklicher Arbeit genauso wenig zu tun hat, wie das wirkliche und tatsächliche Schauspiel mit dem wirklichen und tatsächlichen Leben. Da die Menschen aber immer lieber das Leben als Schauspiel sehen als das Leben selbst, das ihnen letzten Endes viel zu mühsam und trocken vorkommt, als eine unverschämte Demütigung, schauspielern sie lieber, als daß sie leben, schauspielern sie lieber, als daß sie arbeiten.

Wer einem ARZT glaubt ist verloren
sagte Vater
sich mit einem Arzt einzulassen
bedeutet nicht weniger als sich mit dem Tode einlassen
Wenn wir uns den Ärzten ausliefern
sind wir dem Tode geweiht
Ist es ein Arzt der uns begegnet
so ist es am besten wir gehen ihm gleich aus dem Wege
wir ersparen uns dann entsetzliche und zumeist
lebenslängliche Leiden
und entkommen in den meisten Fällen auch dem Tode
Die Ärzte sind die Zulieferer des Todes sagte Vater
Ja wenn wir sie nur zu dem Zwecke brauchen
daß sie uns auf unseren Befehl sozusagen
den Blinddarm herausschneiden oder ein Bein absägen
weil wir sonst auf alle Fälle zugrunde gingen
aber sonst
der Umgang mit den Ärzten ist der gefährlichste

Die sogenannten ARCHITEKTEN (er haßte, wie gesagt, diesen Ausdruck!) und insgesamt alle Baumeister und Bauleute heute sind nichts als die Zerstörer und Vernichter der Erdoberfläche, mit jedem neuen Bauwerk, das sie bauen, begehen sie ein neues Verbrechen als Bauverbrechen gegen die Menschheit, pathetisch hatte er einmal ausgerufen: *jedes Bauwerk, das heute von den Baufachleuten gebaut wird, ist ein Verbrechen!* Und alle diese Verbrechen können ungesehen begangen werden, ja diese Bauleute als Verbrecher werden geradezu dazu animiert und aufgefordert und vor allem von den Staaten und ihren Behörden aufgefordert, die Erdoberfläche mit ihrem perversen Geistesunrat zu bedecken und zwar in einer Weise und mit einer Geschwindigkeit mit ihrer Bauscheußlichkeit zu bedecken, daß in kurzer Zeit die ganze Erdoberfläche unter diesen Bauverbrechen erstickt sein wird. *Dann, wenn die ganze Welt auf das fürchterlichste und geschmackloseste und verbrecherischeste verbaut ist, ist es zu spät, dann ist die Erdoberfläche tot. Wir können uns nicht wehren gegen die Vernichtung unserer Erdoberfläche durch die Architekten!,* hatte er einmal ausgerufen.

Philosophisches Mittagessen

Geistesübungen haben wir zusammen gemacht und sind sehr oft gut essen gegangen nach Trastevere, dachte ich, *gut essen einerseits, gut denken andererseits*, das waren sehr oft Spadolinis Worte gewesen, die er mir eingehämmert hat. Und die mich gerettet haben zweifellos.

Auslöschung

Die Toilettenfrage und die TISCHDECKENFRAGE sind in Wien nicht gelöst, sagte Reger. In jeder Großstadt der Welt, und ich habe schließlich beinahe alle bereist und die meisten von ihnen mehr als nur oberflächlich kennengelernt, bekommen Sie als Selbstverständlichkeit ein sauberes Tischtuch auf den Tisch, bevor Sie mit Ihrer Mahlzeit anfangen. In Wien ist ein sauberes Tischtuch oder wenigstens eine saubere Tischplatte durchaus keine Selbstverständlichkeit. Und mit den Toiletten verhält es sich genauso, die Wiener Toiletten sind die ekelerregendsten nicht nur in Europa, sondern in der ganzen Welt. Was haben Sie von einem vorzüglichen Essen, wenn Ihnen schon bevor Sie zu essen anfangen, in der Toilette der Appetit vergeht und was haben Sie nach einem vorzüglichen Essen, wenn es Ihnen dann in der Toilette den Magen umdreht, sagte er. Die Wiener haben, wie die Österreicher insgesamt, keine Toilettenkultur, ein österreichischer Abort ist immer eine Katastrophe gewesen, sagte Reger.

Die meisten Menschen, über achtundneunzig Prozent, sagt Oehler, haben weder Geisteskälte, noch Geistesschärfe und haben nicht einmal Verstand. Diesen Beweis hat zweifellos DIE GANZE BISHERIGE GESCHICHTE erbracht. Wohin wir schauen, weder Geisteskälte, noch Geistesschärfe, sagt Oehler, alles eine riesige, eine erschütternd lange Geschichte ohne Geisteskälte und ohne Geistesschärfe und also ohne Verstand. Wenn wir die Geschichte anschauen, deprimiert vor allem ihre völlige Verstandeslosigkeit, von Geistesschärfe und Geisteskälte ganz zu schweigen. Insoferne ist es keine Übertreibung, zu sagen, die ganze Geschichte ist eine völlig verstandeslose Geschichte, wodurch sie auch eine vollkommen *tote* Geschichte ist. Wir haben zwar, sagt Oehler, wenn wir die Geschichte anschauen, wenn wir in die Geschichte hineinschauen, wozu es einem Menschen wie mir von Zeit zu Zeit nicht an Kühnheit fehlt, eine ungeheure Natur hinter, tatsächlich unter uns, aber in Wirklichkeit gar keine Geschichte. Die Geschichte ist eine Geschichtslüge, behaupte ich, sagt Oehler.

DIE GROSSEN DENKER haben wir in unsere Bücherkasten gesperrt, aus welchen sie uns, für immer zur Lächerlichkeit verurteilt, anstarren, sagte er, dachte ich. Tag und Nacht höre ich das Gejammer der großen Denker, die wir in unsere Bücherkasten gesperrt haben, diese lächerlichen Geistesgrößen als Schrumpfköpfe hinter Glas, sagte er, dachte ich. Alle diese Leute haben sich an der Natur vergriffen, sagte er, das Kapitalverbrechen *am Geiste* haben sie begangen, dafür werden sie bestraft und von uns in unsere Bücherkasten gesteckt für immer. Denn in unseren Bücherkasten ersticken sie, das ist die Wahrheit. Unsere Bibliotheken sind sozusagen Strafanstalten, in welche wir unsere Geistesgrößen eingesperrt haben, Kant naturgemäß in eine Einzelzelle wie Nietzsche, wie Schopenhauer, wie Pascal, wie Voltaire, wie Montaigne, alle ganz Großen in Einzelzellen, alle andern in Massenzellen, aber alle für immer und ewig, mein Lieber, für alle Zeit und in die Unendlichkeit hinein, das ist die Wahrheit. Und wehe, einer von diesen Kapitalverbrechern ergreift die Flucht, bricht aus, sofort wird er sozusagen fertig und lächerlich gemacht, das ist die Wahrheit. Die Menschheit weiß sich gegen alle diese sogenannten Geistesgrößen zu schützen, sagte er, dachte ich. Der Geist wird, wo immer er auftaucht, fertiggemacht und eingesperrt und er wird naturgemäß immer sofort zum *Ungeist* gestempelt, sagte er, dachte ich, während ich die Gastzimmerdecke betrachtete.

»Was geht in einem Gehirn vor, das die Vorstellung hat, der Mittelpunkt der WELT zu sein? Millionen von Mittelpunkten, die auftauchen und erlöschen! Das ist die Welt. Das ist alles. Das Gewöhnliche sitzt mit dem Außergewöhnlichen zusammen an einem Tisch und trinkt Bier und ißt recht appetitlich aufgeschlagene Eier. Spielt Schach oder Karten. Jedes einzelne Gewöhnliche und jedes einzelne Außergewöhnliche, das die Welt ist. Aber was ist das Gewöhnliche? Was ist das Außergewöhnliche? In der Sommerhitze (wie in der Winterkälte) sind die Menschen schrankenloser, weil hilfloser. Sie ziehen an Stricken, an deren anderem Ende die Welt zieht: ›Meine Welt.‹ Dort vermuten sie sie, oder da vermuten sie wieder sich. So kommt es ihnen vor, daß sie mit hoch erhobenem Kopf seien, was sie zu sein glauben, der Mittelpunkt der Welt. ›Bin ich tot, ist die Welt tot‹, ist ihre Ansicht.« Ihm, dem Maler, kämen die Menschen vor »wie Ursachenauswüchse, die ans Unergründliche grenzen, doch nur grenzen«. Das Bild, das sich in sommerlichen Gasthausgärten biete, mache es einem möglich, den Menschen auf ihre dümmsten Schliche zu kommen. »Auf ihre Welt zu kommen. Auf die Welt zu kommen. Taktik? Wo das Ordinäre den Kopf so hoch trägt wie das Königliche! Das Brutale daherkommt wie die Urlaune aller Sanftmut, wie das Berühmteste, Lauterste, Unnachahmlichste. Der Gedanke an ein Glas Bier führt zu den allergrößten Überschätzungen, Überlegungen: die Welt ist ja, was ich bin! Fängt dort an, wo ich anfange. Und hört dort auf. Ist so schlecht wie ich. So gut. Besser nicht, weil Ich. Ohne Frage wie ich. Trinkt gern. Ißt gern. Weiß nicht ein Hundertstel, weil ich nicht ein Hundertstel weiß. Berühmtsein? Ja und nein. Zuviel, das heißt mehr Wissen, als ich habe, ist ihr nicht zuträglich, weil ich dann krank wäre. Ohne Lust. Das ist die Welt: auf ein Rindfleisch eingeschränkt, auf ein Roastbeef. Der Mensch geht immer nur so weit, wie er glaubt, daß die Welt geht. Sein Abgrund ist auch der Abgrund der Welt. Ihre Niederlage auch die seinige.«

Das GESCHENKEMACHEN ist eine fürchterliche Gewohnheit, natürlich aus dem schlechten Gewissen und auch sehr
oft aus der landläufigen Vereinsamungsangst heraus vollzo-
gen, sagte Reger, eine böse Unart, das Geschenk und also
das Geschenkte wird nicht geschätzt, es hätte immer mehr
sein sollen und immer noch mehr und es erzeugt am Ende
nur Haß, sagte er. Ich habe in meinem Leben niemals Geschenke gemacht, sagte er, ich habe es aber auch immer ab-
gelehnt, Geschenke zu empfangen, ja ich fürchtete mich zeitlebens vor dem Beschenkt*werden*.

Wenn ich mir hier Ihre Aufstellung, Lindach betreffend, oder das Hisamgut betreffend, anschaue, denke ich doch, daß die FREUNDSCHAFT unmöglich ist ... denn diese beiden Güter haben jahrhundertelang bewiesen, daß die Freundschaft ein Unsinn ist ... tatsächlich ein Unsinn, lieber Robert, ... daß in dem Grade, will ich sagen, in welchem man eine Freundschaft zu prüfen anfängt, ihre Ursachen, Wirkungen, Ziele erforscht, schließlich *durch*forscht, sie sich nach und nach klarmacht, sie sich verflüchtigt, zu einem Alptraum wird, Zoiss, und man sieht, daß sie gar nicht mehr existiert, daß sie nie existiert hat, und man ist, wenn man Verstand hat, froh darüber, ... daß sie wie alles andre ein grausames, gleichzeitig unmoralisches Mittel zum Zweck gewesen ist.

Die POLITIKER sind von Natur aus
gegen die Künstler
eine lebenslange Feindschaft von innen heraus
müssen Sie wissen
Die Künstler durchschauen die Politiker
und durchschauen nichts als Dummköpfe
aufgeblähte Dummköpfe
Aber die Macht haben die Politiker
Die Politiker haben die Macht
den Staat zu ruinieren
die Politiker ruinieren den Staat wer sonst
Jede dieser Kreaturen wird Politiker
um den Staat zu ruinieren

Die Heuchelei der GESUNDEN dem Kranken gegenüber ist die verbreitetste. Im Grunde will der Gesunde mit dem Kranken nichts mehr zu tun haben und er sieht es gar nicht gern, wenn der Kranke, ich spreche von einem tatsächlich Schwerkranken, aufeinmal wieder Anspruch erhebt auf seine Gesundheit. Die Gesunden machen es den Kranken immer nur besonders schwer, wieder gesund zu werden oder wenigstens sich wieder zu *normalisieren* oder wenigstens ihren Krankheitszustand zu verbessern. Der Gesunde will, wenn er ehrlich ist, mit dem Kranken nichts zu tun haben, er will nicht an Krankheit und dadurch naturgemäß und folgerichtig an den Tod erinnert sein. Der Gesunde will unter sich und unter seinesgleichen sein, er duldet im Grunde den Kranken nicht. Es ist mir selbst immer schwer gemacht worden, aus der Welt der Kranken in die Welt der Gesunden zurückzukehren. In der Krankheitszeit, also in der Zwischenzeit, hatten sich die Gesunden von dem Kranken vollkommen abgewandt, sie hatten ihn aufgegeben und waren damit nur ihrem Selbsterhaltungstrieb gefolgt. Jetzt ist aufeinmal der, welcher schon verarbeitet worden war von ihnen und letztenendes schon gar nicht mehr in Betracht gekommen war, wieder da und fordert seine Rechte. Und man gibt ihm naturgemäß sofort zu verstehen, daß er im Grunde keinerlei Recht hat. Die Kranken haben, von den Gesunden aus gesehen, kein Recht mehr.

Keiner von diesen heutigen österreichischen SCHRIFTSTEL-
LERN kann schreiben, alle lügen sich eine widerwärtig-sen-
timentale Epigonenliteratur in die Tasche, sagte Reger, sie
schreiben, gleich wo sie schreiben, nur Mist, sie schreiben
steiermärkischen und salzburgischen und kärntnerischen
und burgenländischen und niederösterreichischen und ober-
österreichischen und tirolischen und vorarlbergischen Mist
und schaufeln diesen Mist schamlos und ruhmsüchtig zwischen die Buchdeckel, so Reger. Sie sitzen in Wiener Gemein-
dewohnungen oder in kärntnerischen Gelegenheits- und Ver-
legenheitshuben oder in steiermärkischen Hinterhöfen und
schreiben Mist, den epigonalen, stinkenden, kopf- und geistlosen österreichischen Schriftstellermist, sagte Reger, in *welchem die pathetische Dummheit dieser Leute zum Himmel
stinkt*, so Reger. Ihre Bücher sind nichts als der Mist zwei-
er oder schon gar dreier Generationen, die das Schreiben
nie gelernt haben, weil sie das Denken nie gelernt haben, einen totalen geistlosen und philosophie- und heimatheucheln-
den epigonalen Mist schreiben alle diese Schriftsteller, sagte
Reger. Alle diese Bücher dieser mehr oder weniger ekelhaft-
staatsopportunistischen Schriftsteller sind *nichts als abge-
schriebene Bücher*, sagte Reger, *jede Zeile in ihnen ist eine
gestohlene, jedes Wort ein geraubtes*. Diese Leute schreiben
seit Jahrzehnten nur eine gedankenlose Literatur, die nur
der Gefallsucht zuliebe geschrieben wird und die auch nur
aus Gefallsucht veröffentlicht wird, so Reger. Sie tippen ihre
abgrundtiefe Dummheit in die Maschine und heimsen für

diese abgrundtiefe abgeschmackte Dummheit alle nur möglichen Preise ein, sagte Reger. Da war ja selbst Stifter noch
eine ganz große Erscheinung, sagte Reger, wenn ich nun einmal Stifter mit allen diesen österreichischen Dummköpfen,
die heute schreiben, vergleiche. Philosophie- und Heimatheu-
chelei, diese im Augenblick große Mode, beinhaltet der Mist
dieser Leute, sagte Reger, die zu keinem einzigen eigenen
Gedanken befähigt sind. Die Bücher dieser Leute gehörten
nicht in die Buchhandlungen, sondern gleich auf den Misthaufen, sagte Reger. Wie ja überhaupt die ganze heutige österreichische Kunst auf den Misthaufen gehört.

Entsetzliche Abendvorstellungen

Und dann machen diese Schriftsteller sogenannte *Leserei-sen* und reisen kreuz und quer durch ganz Deutschland und durch ganz Österreich und durch die ganze Schweiz und sie lassen kein noch so stumpfsinniges Gemeindeloch aus, um aus ihrem Mist vorzulesen und sich feiern zu lassen und lassen sich ihre Taschen mit Mark und mit Schillingen und mit Franken vollstopfen, so Reger. Nichts ist widerlicher, als eine sogenannte DICHTERLESUNG, sagte Reger, mir ist kaum etwas verhaßter, aber alle diese Leute finden nichts dabei, überall ihren Mist vorzulesen. Keinen Menschen interessiert im Grunde, was diese Leute sich zusammengeschrieben haben auf ihren literarischen Beutezügen, aber sie lesen es vor, sie treten auf und lesen es vor und machen einen Bukkel vor jedem debilen Stadtrat und vor jedem stumpfsinnigen Gemeindevorstand und vor jedem germanistischen Maulaffen, so Reger. Sie lesen von Flensburg bis Bozen ihren Mist vor und lassen sich ohne geringste Skrupel auf schamlose Weise aushalten. Es gibt nichts Unerträglicheres für mich, als eine sogenannte Dichterlesung, sagte Reger, es ist abstoßend, sich hinzusetzen und den eigenen Mist vorzulesen, denn nichts anderes lesen ja alle diese Leute vor, als Mist. Wenn sie noch recht jung sind, geht es ja noch, sagte Reger, aber wenn sie älter sind und schon in die Fünfzig gehen und darüber, ist das nur ekelerregend. Aber gerade diese älteren Schreiber lesen ja, sagte Reger, überall vor und sie steigen auf jedes Podium und sie setzen sich an jeden Tisch, um ihren Gedichtemist vorzutragen, ihre stumpfsinnige senile Prosa, so Reger. Selbst wenn ihr Gebiß keines ihrer verlogenen Wörter mehr in der Mundhöhle halten kann, steigen sie auf das Podium gleich welchen Stadtsaales und lesen ihren scharlatanistischen Blödsinn, so Reger. Ein Sänger, der Lieder singt, ist ja schon eine Unerträglichkeit, aber ein Schriftsteller, der seine eigenen Erzeugnisse zum besten gibt, ist noch viel unerträglicher, so Reger. Der Schriftsteller, der ein öffentliches Podium besteigt, um seinen opportunistischen Mist vorzulesen, und sei es selbst in der Frankfurter Paulskirche, ist ein miserabler Schmierenkomödiant, sagte Reger.

In gewisser Weise sind die SCHAUSPIELER Dummköpfe
auch die größten
auch die berühmtesten
laufen ihrer Mittelmäßigkeit davon
und werden von der Mittelmäßigkeit eingeholt
ausnahmslos
Machen es sich zu leicht
Brillant sagen die Leute brillant
aber es ist doch nur der Dilettantismus
In ihrer Nähe ist alles abgeschmackt
Vorgegebenes
Oberflächliches
selbst das Erhabenste fängt an zu stinken

Sehen Sie, BEETHOVEN, der Dauerdepressive, der Staatskünstler, der totale Staatskomponist, die Leute bewundern ihn, aber im Grunde ist Beethoven doch eine durch und durch abstoßende Erscheinung, alles an Beethoven ist mehr oder weniger komisch, eine komische Hilflosigkeit hören wir fortwährend, wenn wir Beethoven hören, das Grollende, das Titanenhafte, den Marschmusikstumpfsinn selbst in seiner Kammermusik. Wenn wir Beethovens Musik hören, hören wir mehr Getöse als Musik, das staatsdumpfe Marschieren der Noten, sagte Reger. Ich höre eine Zeitlang Beethoven, beispielsweise die *Eroica*, und höre aufmerksam und ich komme tatsächlich in einen philosophisch-mathematischen Zustand hinein und befinde mich auch lange Zeit in einem philosophischmathematischen Zustand, sagte Reger, bis ich aufeinmal den Schöpfer der Eroica *sehe* und mir alles zerbrochen ist, weil *in Beethoven tatsächlich alles marschiert*, ich höre die *Eroica*, die ja tatsächlich eine philosophische Musik ist, eine durch und durch philosophisch-mathematische, sagte Reger, und aufeinmal ist mir alles verleidet und zerbrochen, weil ich, während die Philharmoniker das so selbstverständlich spielen, von einem Augenblick auf den andern, Beethovens Scheitern höre, sein Scheitern *höre*, seinen Marschmusikkopf *sehe*, verstehen Sie, sagte Reger.

Die THEATERKRITIKER und die sogenannten Theaterkritiker haben immer und lebenslänglich von der sogenannten Theaterdürre gelebt wie die Bauern und die sogenannten Landwirte von der Getreidedürre, und die Bauern und die sogenannten Landwirte werden auch in Zukunft und wahrscheinlich, wenn nicht alles täuscht, nicht nur *wie seit*, sondern tief in alles künftige vernünftige oder unvernünftige Menschengedenken hinein von der einträglichen Behauptung, es herrsche eine Getreidedürre, existieren wie die Theaterkritiker und die sogenannten Theaterkritiker von der Behauptung, es herrsche eine Theater-, genauer, eine Theaterstückdürre. [...] Sie alle bringen ihre Lebensmittel auf den Frühstückstisch, auch wenn es uns ab und zu bei und nach dem Genuß der Produkte der Bauern und der sogenannten Landwirte und bei und nach dem Genuß der Produkte der Theaterkritiker und der sogenannten Theaterkritiker schon beim Frühstück den Magen umdreht. Aber wessen Produkte sind schon einwandfrei frisch oder gar beglückend, und wer unter uns ist auch schon immer ein ehrlicher und tatsächlich appetitlicher Lieferant. Der Ruf nach der Gesundheitspolizei dröhnt uns ja tatsächlich fortwährend in den Ohren, und mit den Vergifteten der Bauern und der sogenannten Landwirte und der Theaterkritiker und der sogenannten Theaterkritiker sind die Spitäler überfüllt. Es ist ganz einfach und überall zwischen Flensburg und Bozen zum Kotzen!

Herr Peymann leidet, wie Sie wissen, an der unheilbaren Klassikerkrankheit, die sich, wie Sie ebenfalls wissen, in den letzten Monaten in ihm zu einer geradezu bösartig-galoppierenden entwickelt hat, und er wird, wie ich es sehe, bis an sein Lebensende nicht mehr aufhören, alle diese widerwärtigen, primitiven und ordinären englischen und französischen und spanischen Klassiker aufzuführen, die unter den Namen Shakespeare, Molière, Lope de Vega etcetera bekannt und berüchtigt und leider in ihrer Primitivität und Vulgarität und Debilität nicht umzubringen sind. Meiner Meinung nach haben diese Schauerstückeschreiber die Theater in ganz Europa und tatsächlich in der ganzen Welt in Grund und Boden vergiftet, und zwar auf unabsehbare Zeit, die von dieser Klassikerseuche niemals mehr entsorgt werden kann, leider! Tschernobyl, diese sowjetisch-orthodoxe Lächerlichkeit, ist ja nichts gegen eines dieser an jedem Tag wenigstens einmal irgendwo auf der Welt in die Luft gehenden Shakespearestücke, ein Shakespearescher *Sturm* schadet Europa mehr als zehn Tschernobyl- oder selbst Basler Katastrophen, glauben Sie mir. Allein SHAKESPEARE hat die Theaterwelt auf Jahrhunderte, wenn nicht auf die Ewigkeit verseucht und vernichtet, glauben Sie mir! Herr Peymann kündigt also an, er spielt im März den *Tartuffe*, eines der dümmsten Theaterstücke übrigens, die jemals geschrieben und auf die Bühne gebracht worden sind, glauben Sie mir. Überhaupt sind ja Theaterstücke, gleich von wem, das Dümmste, das auf die Bühne gebracht werden kann, glauben Sie mir, denn ich weiß, wie großartig es ist, wenn ein Glas Bier auf die Bühne gebracht wird!, glauben Sie mir, niemals aber ein Theater- stück.

DAS PUBLIKUM ist der Feind des Geistes, deshalb habe ich für das Publikum nichts übrig, es haßt den Geist und es haßt die Kunst und es will nur das Dümmste zur Unterhaltung, alles andere ist nichts als Lüge, mir aber ist das Dümmste zur Unterhaltung immer verhaßt gewesen, also muß mir das Publikum verhaßt sein, es ist und muß Feind bleiben, bin ich anderer Ansicht, gehöre ich auf den Misthaufen des Publikums, das ich heute verabscheue, denn es tritt mit Füßen, was mir das Wichtigste ist. Es hat mich als ehemaliger und wahrscheinlich lebenslänglicher sogenannter Schauspielschüler immer nur interessiert, für Schauspieler zu schreiben gegen das Publikum, wie ich ja immer alles gegen das Publikum getan habe, alles gegen meine Leser oder meine Zuschauer, um mich retten, mich bis zu dem äußersten höchsten Grade meiner Fähigkeiten disziplinieren zu können.

Europäische Provinzen

Aus der ganzen Gegend mußt du fort, nicht fortwährend nachdenken, wie dich ablenken, durch alle möglichen und unmöglichen Leute in der Nachbarschaft etcetera, sondern abreisen, weggehen, so bald als möglich.

Beton

Wien ist heute eine durch und durch proletarisierte Stadt, für welche ein anständiger Mensch nurmehr noch Spott und Hohn und die tiefste Verachtung übrig haben kann. Was in ihr groß oder auch nur beachtenswert gewesen ist, verglichen mit der übrigen Welt, ist längst tot, die Gemeinheit und die Dummheit und die mit diesen beiden gemeinsame Sache machende Scharlatanerie beherrschen heute die Szene. Mein Wien wurde von geschmacklosen und geldgierigen Politikern von Grund auf ruiniert, es ist nicht mehr wiederzuerkennen. An manchen Tagen weht noch die frühere Luft, aber nur kurze Zeit, dann deckt der Abschaum, der sich in dieser Stadt in den letzten Jahren breitgemacht hat, wieder alles zu. Die Kunst ist in dieser Stadt nurmehr noch eine ekelerregende Farce, die Musik ein abgeleierter Leierkasten, die Literatur ein Alptraum und von der Philosophie will ich gar nicht reden, da fehlen selbst mir, der ich nicht zu den Allerphantasielosesten gehöre, die Wörter. Lange Zeit hatte ich gedacht, Wien ist meine Stadt, sogar, daß es mir Heimat ist, aber jetzt muß ich doch sagen, ich bin doch nicht in einer von den Pseudosozialisten bis an den Rand mit ihrem Unrat angefüllten Kloake zuhause. Auch ist mein Interesse, praktisch Musik zu hören, nicht mehr das von früher, ich lese lieber allein für mich meine Partituren, ist dieses Vergnügen auch ungemein kostspieliger. Aber was bieten diese Konzerte im Musikverein und im Konzerthaus heute schon? Die großartigen Kapellmeister von früher, haben sich in plumpe sensationshaschende Dompteure verwandelt und die Orche-

ster sind unter diesen Dompteuren schwachsinnig geworden. Die Museen habe ich alle gesehen und das Theater ist
das staubigste in ganz Europa. Das Burgtheater ist heute
doch nichts anderes als eine geschmacklose, wenn auch un-
freiwillige Parodie auf das Theater überhaupt, in welcher
alles, was mit Geist zu tun hat, fehlt, Provinzialismus, Farce.
Ganz zu schweigen von den andern Theatern, deren tagtäg-
licher Dilettantismus gerade für die neue, durch und durch
abgeschmackte Gesellschaft recht ist.

Die STADT SALZBURG selbst, die heute, bis in die kleinsten Winkel hinein frisch gestrichen, noch viel scheußlicher ist als damals vor achtundzwanzig Jahren, war und ist gegen alles in einem Menschen und vernichtet es mit der Zeit, das hatten wir sofort erkannt und waren aus ihr weg nach Leopoldskron. Die Salzburger waren immer fürchterlich wie ihr Klima und komme ich heute in diese Stadt, bestätigt sich nicht nur mein Urteil, es ist alles noch viel fürchterlicher. Aber gerade in dieser geist- und kunstfeindlichen Stadt bei Horowitz zu studieren, war sicher der größte Vorteil. Ist die Umgebung, in welcher wir studieren, uns feindlich gesinnt, so studieren wir besser, als in einer solchen uns freundlich gesinnten, der Studierende tut immer gut daran, einen Studienort zu wählen, der ihm feindlich gesinnt ist, keinen, der ihm freundlich gesinnt ist, denn der ihm freundlich gesinnte Ort nimmt ihm einen Großteil der Konzentration auf das Studium, der ihm feindlich gesinnte dagegen ermöglicht ihm ein hundertprozentiges Studium, weil er sich auf dieses Studium konzentrieren *muß*, um nicht zu verzweifeln, insofern ist Salzburg wahrscheinlich wie alle anderen sogenannten schönen Städte für ein Studium absolut zu empfehlen, allerdings nur für einen starken Charakter, ein schwacher geht unweigerlich in der kürzesten Zeit zugrunde. Drei Tage sei Glenn *in den Zauber* dieser Stadt vernarrt gewesen, dann habe er plötzlich gesehen, daß dieser Zauber, wie gesagt wird, ein fauler sei, daß diese Schönheit im Grunde abstoßend ist und die Menschen in dieser abstoßenden Schönheit gemein seien. Das Voralpenklima macht gemütskranke Menschen, die schon sehr früh dem Stumpfsinn anheim fallen und die *mit der Zeit bösartig* werden, sagte ich. Wer hier lebt, weiß das, wenn er ehrlich ist, wer hierher kommt, sieht es nach kurzer Zeit und er muß, bevor es für ihn zu spät ist, wieder weggehen, will er nicht werden, wie diese stumpfsinnigen Bewohner, wie diese gemütskranken Salzburger, die mit ihrem Stumpfsinn alles abtöten, das noch nicht so ist wie sie selbst. Zuerst habe er gedacht, wie schön es sei, hier aufzuwachsen, aber schon zwei, drei Tage nach seiner Ankunft erschien es ihm als ein Alptraum, hier hereingeboren zu werden und aufzuwachsen, erwachsenwerden zu müssen. Dieses Klima und diese Mauern töten die Sensibilität ab, sagte er.

Die Burgenländer sind Sträflinge, sagt Irrsigler, ihr Heimatland ist eine Strafanstalt. Sie selbst reden sich ein, sie hätten eine recht schöne Heimat, aber in Wirklichkeit ist das BURGENLAND fad und häßlich. Im Winter ersticken die Burgenländer im Schnee und im Sommer werden sie von den Gelsen aufgefressen. Und im Frühling und im Herbst waten die Burgenländer nur in ihrem eigenen Schmutz. In ganz Europa gibt es kein ärmeres und kein schmutzigeres Land, so Irrsigler. Die Wiener reden den Burgenländern immer ein, daß das Burgenland ein schönes Land sei, denn die Wiener sind in den burgenländischen Schmutz und in den burgenländischen Stumpfsinn, weil sie diesen burgenländischen Schmutz und diesen burgenländischen Stumpfsinn *als romantisch* empfinden, weil sie auf ihre wienerische Weise pervers sind, verliebt. Das Burgenland hat ja auch *außer dem Herrn Haydn, wie Herr Reger sagt,* nichts hervorgebracht, so Irrsigler. Ich komme aus dem Burgenland, heißt ja doch nichts anderes, als ich komme aus der Strafanstalt Österreichs. Oder aus dem Irrenhaus Österreichs, so Irrsigler.

Die Fahrt von Wien nach Chur dauerte dreizehn Stunden, die österreichischen Züge sind verwahrlost, in den Speisewagen, wenn überhaupt einer mitgeführt wird, bekommt man das schlechteste Essen. Ich wollte, ein Glas Mineralwasser vor mir, nach zwanzig Jahren wieder einmal *Die Verwirrungen des Zöglings Törleß* von Musil lesen, was mir nicht gelungen ist, Erzählungen ertrage ich nicht mehr, lese eine Seite und bin unfähig, weiterzulesen. Beschreibungen ertrage ich nicht mehr. Andererseits war es mir aber auch nicht möglich, mir mit Pascal die Zeit zu vertreiben, die Pensées kannte ich alle auswendig und der Gefallen an Pascals Stil erschöpfte sich bald. So begnügte ich mich mit der Landschafts*betrachtung*. Die Städte machen, fährt man an ihnen vorbei, einen verkommenen Eindruck, die Bauernhäuser sind alle ruiniert, indem ihre Besitzer die alten Fenster herausgerissen und neue geschmacklose Plastikfenster eingesetzt haben. Nicht mehr die Kirchtürme beherrschen die Landschaft, sondern die importierten Plastiksilos, die überdimensionierten Lagerhaustürme. Die Fahrt von Wien nach Linz ist eine Fahrt durch nichts als durch Geschmacklosigkeit. Von Linz bis Salzburg ist es nicht besser. Und die Tiroler Berge bedrücken mich. Vorarlberg habe ich immer gehaßt, genauso wie die Schweiz, in welcher der Stumpfsinn zuhause ist, wie mein Vater immer gesagt hat, in diesem Punkt widersprach ich ihm nicht.

DEUTSCHLAND

Warum höre ich nichts aus FRANKFURT, der heiligen Stadt?
Für mich sind alle andern deutschen Städte, Hamburg ausgenommen, ganz und gar unerträglich, Frankfurt ist als einzige eine permanente herrliche hässliche schöne Schöpfung!
Die andern sind tote, unerträgliche kopflose, schamlose, ge-
meine Museumsstücke.
Lauter Menschengerümpel, in welchem die Kunststücke ent-
stehen unter lauter Fusstritten.

Ich reise also nach BREMEN, das ich nicht kannte. Hamburg
kannte ich und liebte ich immer wie auch heute. Bremen ver-
abscheute ich vom ersten Moment an, es ist eine kleinbür-
gerliche unzumutbar sterile Stadt. Gleich gegenüber dem
Bahnhof war in einem neuerbauten Hotel für mich ein Zim-
mer bestellt, ich weiß nicht mehr, wie das Hotel geheißen
hat. Ich verkroch mich in mein Hotelzimmer, um die Stadt
Bremen nicht sehn zu müssen und wartete den Morgen der
Preisverleihung ab.

In LÜBECK
in der Hansestadt Lübeck
vor vierzig Jahren müssen Sie wissen
wo ich Theaterdirektor gewesen bin

bevor ich mich endgültig
der klassischen Literatur verweigert habe
Ich habe es gehaßt
immerfort klassische Stücke zu spielen
Ich hasse die klassische Literatur
ich hasse die klassische Kunst
Den Lear ausgenommen
Abgesetzt müssen Sie wissen
von den Senatoren verjagt
nach Dinkelsbühl
Früher oder später
werden alle Schauspieldirektoren verjagt
Aus dieser grauenhaften Stadt Lübeck
Alle diese am Meer gelegenen Städte stinken
aber in Lübeck stinkt es am mitleidlosesten

Einmal sei er mit der Schwester nach PASSAU gefahren, weil
sein Vater ihm eingeredet habe, Passau sei eine schöne Stadt,
eine erholsame Stadt, eine außergewöhnliche Stadt, aber
schon als sie in Passau ankamen, hatten sie gesehen, daß es
sich bei Passau um eine der häßlichsten Städte überhaupt
handle, um eine Salzburg nacheifernde Stadt, die vor Hilflosigkeit und Häßlichkeit und widerwärtiger Plumpheit strot-
zende Stadt, die sich in perverser Hochmütigkeit Dreiflüsse-
stadt nennt. Sie seien nur ein kurzes Stück in diese Dreiflüsse-
stadt hineingegangen und hätten bald wieder umgedreht
und wären, weil binnen Stunden kein Zug nach Wien zurückgefahren sei, mit einem Taxi nach Wien zurückgefahren.
Nach diesem Passauerlebnis hätten sie alle Reisevorhaben

aufgegeben auf Jahre, dachte ich. Habe die Schwester einen Reisewunsch vorgebracht in den folgenden Jahren, habe Wertheimer zu ihr nur gesagt: *denke an Passau!* und damit jede Reisedebatte zwischen ihm und seiner Schwester schon im Keim erstickt.

Vor drei Tagen noch im Krankenbett, jetzt schon auf der Reise nach REGENSBURG, wo die Gotik auf dich wartet, dachte ich. Die Donau wurde immer noch schmäler, die Landschaft wurde immer noch lieblicher, schließlich, wo sie aufeinmal wieder öd geworden war und grau und fade, war Regensburg. Ich stieg aus und ging sofort in das Hotel Thurn und Taxis. Es war wirklich ein Hotel erster Klasse für eine Stadt wie Regensburg. Mir gefiel es und tatsächlich hatte ich mich in dem Hotel sofort wohl gefühlt, war ich doch von Anfang an nicht allein gewesen, sondern in Gesellschaft der Elisabeth Borchers, die ich schon einmal in Luxemburg getroffen hatte, auf einem der vielen sogenannten Dichtertreffen, auf die ich um die zwanzig herum mit meinen Gedichten gereist bin. So war gar nicht die Langeweile aufgekommen, die mich sonst immer in allen Hotels auf der ganzen Welt befällt, wenn ich allein in ihnen ankomme. Ich wußte, die Borchers ist eine intelligente Person und eine charmante Dame und ihr Ruf bei mir bestätigte sich auf das vortrefflichste. Wir schlenderten durch die Stadt, lachten ausgelassen und nutzten die Gelegenheit, ungezwungen einen Abend genießen zu können. Natürlich war es nicht spät geworden, meine Krankheit hatte mich bald in mein Bett geworfen. Am nächsten Tag lernte ich Herrn Rudolf de le Roi kennen und den *Ak-*

zente-Herausgeber Hans Bender, der, wie ich annehme, über die Vergabe der Ehrengabe mitbestimmte. Ich besitze noch eine Fotografie mit Borchers und Bender an einem Regensburger gotischen Brunnen. Die Stadt gefiel mir nicht, sie ist kalt und abstoßend und hätte ich nicht die Borchers gehabt und die achttausend Mark in Aussicht, ich wäre wahrscheinlich in der ersten Stunde wieder abgefahren. Wie hasse ich diese mittelgroßen Städte mit ihren berühmten Baudenkmälern, von welchen sich ihre Bewohner lebenslänglich verunstalten lassen. Kirchen und enge Gassen, in welchen immer stumpfsinniger werdende Menschen dahinvegetieren. Salzburg, Augsburg, Regensburg, Würzburg, ich hasse sie alle, weil in ihnen jahrhundertelang der Stumpfsinn warmgestellt ist.

SCHWEIZ

Geht in die SCHWEIZ, in welcher alles verkommen ist, die Schweiz ist das charakterloseste Land Europas, sagte er, ich habe in der Schweiz immer das Gefühl gehabt, ich bin in einem Bordell, sagte er. Alles verhurt, ob in den Städten oder auf dem Land, sagte er. Sankt Moritz, Saas Fee, Gstaad, alles offene Häuser, ganz zu schweigen von Zürich, Basel, Weltbordelle, sagte Wertheimer mehrere Male, Weltbordelle, nichts als Weltbordelle.

CHUR kannte ich von mehrmaligen Aufenthalten mit den Eltern, wenn wir nämlich nach Sankt Moritz zu reisen vorhatten und in Chur übernachteten, in dem immer gleichen Hotel, in welchem es nach Pfefferminztee gestunken hat und wo man meinen Vater kannte und ihm zwanzig Prozent Rabatt gewährte, weil er dem Hotel *über vierzig Jahre treu geblieben* war. Es war ein sogenanntes gutes Hotel in der Mitte der Stadt, ich weiß nicht mehr, wie es geheißen hat, kann aber sein *Zur Sonne*, wenn ich mich nicht doch täusche, obwohl es an der finstersten Stelle der Stadt lag. In den Churer Weinstuben schenkten sie den schlechtesten Wein aus und trugen die geschmacklosesten Würste auf. Mein Vater nachtmahlte mit uns immer im Hotel, bestellte eine sogenannte Kleinigkeit und nannte Chur *eine angenehme Zwischenstation*, was ich nie verstand, denn ich hatte Chur immer als besonders unangenehm empfunden. Genau wie die Salzburger, waren mir die Churer noch verhaßter in ihrem Hochgebirgsstumpfsinn. Ich hatte es immer als Bestrafung empfunden, mit den Eltern, manchmal auch nur mit dem Vater allein, nach Sankt Moritz fahren zu müssen, in Chur Station zu machen, in diesem trostlosen Hotel absteigen zu müssen, dessen Fenster auf eine enge, bis zum zweiten Stock herauf feuchte Gasse hinausgingen. In Chur hatte ich niemals geschlafen, dachte ich, war ich immer nur voller Verzweiflung wachgelegen. Chur ist tatsächlich der trübsinnigste Ort, den ich jemals gesehen habe, nicht einmal Salzburg ist so trübsinnig und letztenendes krankmachend wie Chur. Und die Churer sind dementsprechend. In Chur kann ein Mensch, auch wenn er nur eine einzige Nacht bleibt, für sein Leben ruiniert werden.

Ich habe mich am Genfersee immer gelangweilt
MONTREUX ist ein kaltes Loch
in welchem sich jeder dritte den Tod holt
In der Schweiz fühle ich mich immer
wie in die Falle gelockt
Mir ist die Schweiz widerwärtig

Nachwort

Bösartig – Böswillig – Böse – Boshaft

Johanna empfiehlt ihrer Herrin, die bei einem Autounfall beide Beine verloren hat und ein Geburtstagsfest für ihren an einen Rollstuhl gefesselten, ebenfalls beinlosen Ehemann plant, eine spezielle Lektüre, solche, in der Verkrüppelte den Mittelpunkt bilden. Die ansonsten schikanöse Chefin hält solches Verhalten für tolerabel: »Sie sind ja nicht böswi l l i g / Sie sind bösar t i g / nicht böswillig / dieser kleine Unterschied auf der zweiten Silbe / macht Sie mir immer wieder erträglich.« In Thomas Bernhards erstem von einer professionellen Bühne 1970 uraufgeführten Stück *Ein Fest für Boris* ist demnach nicht zu kritisieren, wer sich einfach dem Bösen überläßt, weil es seiner Art entspricht, dem Charakter, und zu kritisieren sind die Personen, die darüber hinaus zielgerichtet die böse Tat anstreben.

Nicht durch eine literarische Protagonistin, sondern in einem Interview beantwortete Bernhard 1977 eine im Zusammenhang dieses Bandes weiterhelfende, von Peter Hamm gestellte Frage: »Sind Sie gern böse?« (so der Titel des 2011 publizierten Gesprächs): »Ich glaub ja, bis zu einem gewissen Grad. Ich kann sicher sehr bös sein, ja, grausam bös. Ich kann's nur nicht ausleben, austoben, nicht? [...] Wäre großartig wahrscheinlich, wenn man es austoben könnte, aber dann hätte man nicht den Verstand, den man hat.« Das Böse kann sich also nur deshalb nicht ausleben, weil der kontrollierende Verstand es am anarchischen Wuchern hindert.

Nach Meinung eines Lebenskünstlers als Sinnsuchers ist es Thomas Bernhard jedoch nicht gelungen, dem Bösen intellektuell und/oder ästhetisch Schranken zu setzen. Wilhelm Schmid klagt ihn (*Dem Leben Sinn geben,* 2013) an, den »Freuden der Bosheit« zu frönen und dadurch die »Kunst, sich Feinde zu machen«, zu erstaunlichen Erfolgen geführt zu haben: »Im 20. Jahrhundert widmete Thomas Bernhard sein ganzes Lebenswerk der Kultivierung des bösen Impulses, auf sehr eigene Weise: Mit *derber Bosheit* dachte er sich seine Mitmenschen vom Leib zu halten, eine Bedingung des Glücks in seinen Augen [...]. Bosheit als boshafte Strategie zur Popularisierung des Unpopulären.« Boshaft ist folglich der Autor, weil er gleichermaßen wie seine literarischen Gestalten dem Leben Sinn allein durch Haß auf jeden und alles gibt.

Wie nun? Ist Bernhard bösartig und böswillig und böse und boshaft? Der Leser der in diesem Band versammelten Bemerkungen wird sich ein Urteil dazu bilden, zumal die Abfolge der Themen sich nach einem mehr oder weniger typischen, also nachvollziehbaren, Tagesablauf richtet. Bevor er zu einem Entscheid gelangt, möge er die Besonderheiten des Bernhardschen Schreibverfahrens berücksichtigen. Ein Charakteristikum: Die Tiraden entfalten ihre Bedeutung und ihre Schärfe erst innerhalb eines größeren Zusammenhangs, sie sind nicht auf auftrumpfende Aphorismen oder auf zugespitzte Aperçus reduzierbar (weshalb dieser Band größere Passagen reproduziert). Zweites Charakteristikum: Die mehr oder weniger groben Angriffe stammen aus dem Mund oder von der Schreibmaschinentastatur jeweils genau konturierter Figuren, die im Gesamttext häufig das genaue Gegenteil des an der zitierten Stelle Behaupteten mit derselben Unbedingtheit von sich geben – die Selbstrelativierung als Resultat des

»Verstandes, den man hat«? Drittes Charakteristikum: Unüberlesbar hat der Autor die Signale gesetzt, die das Gesagte als Übertreibung kenntlich machen und damit wenn nicht unbändiges Lachen, dann durchgängige Heiterkeit auslösen – der ironische Vorbehalt als höchstes ästhetisches Verstandesprinzip? Das Boshafte als das nach allen möglichen und unmöglichen Regeln der literarischen Produktion geübte brillante Verfahren, um das eigene und fremde Böse zu vernichten, damit das weltverhöhnende Lachen über die Sinnsuche und die Sinnlosigkeit triumphiert?

Raimund Fellinger

Quellennachweise

[Zeitung], aus: *Alte Meister*, in: Thomas Bernhard, *Werke, Band 8*, herausgegeben von Martin Huber und Wendelin Schmidt-Dengler, Frankfurt am Main 2008, S. 149

[Republik], aus: *Politische Morgenandacht*, in: Thomas Bernhard, *Der Wahrheit auf der Spur*, herausgegeben von Wolfram Bayer, Raimund Fellinger, Martin Huber, Berlin 2011, S. 41 f.

[Briefe], aus: Thomas Bernhard – Siegfried Unseld, *Der Briefwechsel*, herausgegeben von Raimund Fellinger, Martin Huber und Julia Ketterer, Frankfurt am Main 2009, S. 42 f.

[Zusammenleben], aus: *Das Kalkwerk*, in: Thomas Bernhard, *Werke, Band 3*, herausgegeben von Renate Langer, Frankfurt am Main 2004, S. 158 f.

[Eltern], aus: *Montaigne*, in: Thomas Bernhard, *Werke, Band 14*, herausgegeben von Martin Huber, Hans Höller, Manfred Mittermayer, Frankfurt am Main 2003, S. 419

[Kind], aus: *Gehen*, in: Thomas Bernhard, *Werke, Band 12*, herausgegeben von Hans Höller und Manfred Mittermayer, Frankfurt am Main 2006, S. 152 f.

[Lehrer], aus: *Alte Meister*, in: Thomas Bernhard, *Werke, Band 8*, herausgegeben von Martin Huber und Wendelin Schmidt-Dengler, Frankfurt am Main 2008, S. 32 f.

[Junge Leute], aus: *Holzfällen*, in: Thomas Bernhard, *Werke, Band 8*, herausgegeben von Martin Huber und Wendelin Schmidt-Dengler, Frankfurt am Main 2007, S. 166

[Das Weib – und das Weibliche], aus: *Frost*, in: Thomas Bernhard, *Werke, Band 1*, herausgegeben von Martin Huber und Wendelin Schmidt-Dengler, Frankfurt am Main 2003, S. 231 f.

[Arbeit], aus: *Auslöschung*, in: Thomas Bernhard, *Werke, Band 9*, herausgegeben von Hans Höller, Frankfurt am Main 2009, S. 74

[Arzt], aus: *Vor dem Ruhestand*, in: Thomas Bernhard, *Werke, Band 18*, herausgegeben von Bernhard Judex und Manfred Mittermayer, Frankfurt am Main 2007, S. 83

[Architekten], aus: *Korrektur*, in: Thomas Bernhard, *Werke, Band 4*, herausgegeben von Martin Huber und Wendelin Schmidt-Dengler, Frankfurt am Main 2005, S. 115 f.

[Tischdeckenfrage], aus: *Alte Meister*, in: Thomas Bernhard, *Werke, Band 8*,

herausgegeben von Martin Huber und Wendelin Schmidt-Dengler, Frankfurt am Main 2009, S. 103 f.

[Die ganze bisherige Geschichte], aus: *Gehen*, in: Thomas Bernhard, *Werke, Band 12*, herausgegeben von Hans Höller und Manfred Mittermayer, Frankfurt am Main 2006, S. 148

[Die großen Denker], aus: *Der Untergeher*, in: Thomas Bernhard, *Werke, Band 6*, herausgegeben von Renate Langer, Frankfurt am Main 2006, S. 62

[Welt], aus: *Frost*, in: Thomas Bernhard, *Werke, Band 1*, herausgegeben von Martin Huber und Wendelin Schmidt-Dengler, Frankfurt am Main 2003, S. 265 f.

[Geschenkemachen], aus: *Alte Meister*, in: Thomas Bernhard, *Werke, Band 8*, herausgegeben von Martin Huber und Wendelin Schmidt-Dengler, Frankfurt am Main 2008, S. 125

[Freundschaft], aus: *Ungenach*, in: Thomas Bernhard, *Werke, Band 12*, herausgegeben von Hans Höller und Martin Mittermayer, Frankfurt am Main 2006, S. 23

[Politiker], aus: *Die Berühmten*, in: Thomas Bernhard, *Werke, Band 16*, herausgegeben von Martin Mittermayer und Jean-Marie Winkler, Frankfurt am Main 2006, S. 320 f.

[Gesunde], aus: *Wittgensteins Neffe*, in: Thomas Bernhard, *Werke, Band 13*, herausgegeben von Hans Höller und Manfred Mittermayer, Frankfurt am Main 2008, S. 235 f.

[Schriftsteller], aus: *Alte Meister*, in: Thomas Bernhard, *Werke, Band 8*, herausgegeben von Martin Huber und Wendelin Schmidt-Dengler, Frankfurt am Main 2009, S. 136 f.

[Dichterlesung], aus: *Alte Meister*, in: Thomas Bernhard, *Werke, Band 8*, herausgegeben von Martin Huber und Wendelin Schmidt-Dengler, Frankfurt am Main 2008, S. 138 f.

[Schauspieler], aus: *Der Schein trügt*, in: Thomas Bernhard, *Werke, Band 19*, herausgegeben von Martin Huber und Bernhard Judex, Frankfurt am Main 2010, S. 36.

[Beethoven], aus: *Alte Meister*, in: Thomas Bernhard, *Werke, Band 8*, herausgegeben von Martin Huber und Wendelin Schmidt-Dengler, Frankfurt am Main 2009, S. 78 f.

[Theaterkritiker], aus: *Ist das Theater nicht mehr, was es war?*, in: *Der Wahrheit auf der Spur*, herausgegeben von Wolfram Bayer, Raimund Fellinger, Martin Huber, Frankfurt am Main 2010, S. 129 f.

Shakespeare, aus: *Mein Glückliches Österreich*, in: *Der Wahrheit auf der*

Spur, herausgegeben von Wolfram Bayer, Raimund Fellinger, Martin Huber, Frankfurt am Main 2010, S. 288f.

[*Publikum*] in: *Bernhard Minetti*, in: *Der Wahrheit auf der Spur*, herausgegeben von Wolfram Bayer, Raimund Fellinger, Martin Huber, Frankfurt am Main 2010, S. 106f.

[*Wien*], aus: *Beton*, in: Thomas Bernhard, *Werke, Band 5*, herausgegeben von Martin Huber und Wendelin Schmidt-Dengler, Frankfurt am Main 2008, S. 63f.

[*Stadt Salzburg*], aus: *Der Untergeher*, in: Thomas Bernhard, *Werke, Band 6*, herausgegeben von Renate Langer, Frankfurt am Main 2006, S. 13f.

[*Burgenland*], aus: *Alte Meister*, in: Thomas Bernhard, *Werke, Band 8*, herausgegeben von Martin Huber und Wendelin Schmidt-Dengler, Frankfurt am Main 2009, S. 11

[*Die Fahrt von Wien nach Chur*], aus: *Der Untergeher*, in: Thomas Bernhard, *Werke, Band 6*, herausgegeben von Renate Langer, Frankfurt am Main 2006, S. 54f.

[*Deutschland*]: [*Frankfurt*], Brief von Thomas Bernhard an Siegfried Unseld vom 10. 6. 1975, in: Dies., *Der Briefwechsel*, herausgegeben von Raimund Fellinger, Martin Huber und Julia Ketterer, Frankfurt am Main 2009, S. 471 f.; [*Bremen*], aus: Thomas Bernhard, *Meine Preise*, Frankfurt am Main 2009, S. 42f.; [*Lübeck*], aus: *Minetti*, in: Thomas Bernhard, *Werke, Band 17*, herausgegeben von Martin Huber und Bernhard Judex, Frankfurt am Main 2010, S. 37; [*Passau*], aus: *Der Untergeher*, in: Thomas Bernhard, *Werke, Band 6*, herausgegeben von Renate Langer, Frankfurt am Main 2006, S. 46f.; [*Regensburg*], aus: Thomas Bernhard, *Meine Preise*, Frankfurt am Main 2009, S. 27f.

[*Schweiz*]: aus: *Der Untergeher*, in: Thomas Bernhard, *Werke, Band 6*, herausgegeben von Renate Langer, Frankfurt am Main 2006, S. 37; [*Chur*], aus: *Der Untergeher*, in: Thomas Bernhard, *Werke, Band 6*, herausgegeben von Renate Langer, Frankfurt am Main 2006, S. 55 f.; [*Montreux*], aus: *Der Weltverbesserer*, in: Thomas Bernhard, *Werke, Band 17*, herausgegeben von Martin Huber und Bernhard Judex, Frankfurt am Main 2010, S. 195 f.

Inhalt

Schöne insel taschenbücher
für Liebhaber des boshaften Humors
zum Lesen und zum Verschenken
an saubere Freunde, gute Feinde
und andere falschen Fuffziger

Shaw für Boshafte
Ausgewählt von Thomas Kluge
it 3205. 126 Seiten

Schopenhauer für Boshafte
Ausgewählt von Norbert Wank
it 3226. 102 Seiten

Karl Kraus für Boshafte
Ausgewählt von Christine M. Kaiser
it 3240. 112 Seiten

Arno Schmidt für Boshafte
Ausgewählt von Bernd Rauschenbach
it 3241. 100 Seiten

James Joyce für Boshafte
Ausgewählt von Friedhelm Rathjen
it 3242.117 Seiten

Heine für Boshafte
Ausgewählt von Joseph A. Kruse
it 3273. 120 Seiten

NF 711/2/09.07